# BEI GRIN MACHT SICH IHR WISSEN BEZAHLT

AF144281

- Wir veröffentlichen Ihre Hausarbeit,
  Bachelor- und Masterarbeit

- Ihr eigenes eBook und Buch -
  weltweit in allen wichtigen Shops

- Verdienen Sie an jedem Verkauf

## Jetzt bei www.GRIN.com hochladen
## und kostenlos publizieren

# Erstellung eines Trainingsplans. Krafttraining, Testung und Makrozyklusplanung

Elisabeth Bohn

**Bibliografische Information der Deutschen Nationalbibliothek:**

Die Deutsche Nationalbibliothek verzeichnet diese Publikation in der Deutschen Nationalbibliografie; detaillierte bibliografische Daten sind im Internet über http://dnb.d-nb.de abrufbar.

ISBN: 9783346347992
Dieses Buch ist auch als E-Book erhältlich.

Das Buch bei GRIN: https://www.grin.com/document/987677

Deutsche Hochschule für
Prävention und
Gesundheitsmanagement

# Einsendeaufgabe

# Inhaltsverzeichnis

# 1 Diagnose

## 1.1 Allgemeine und biometrische Daten

Tabelle 1. Allgemeine und biometrische Daten

| Allgemeine Daten | | Bewertung |
|---|---|---|
| Alter | 20 | |
| Geschlecht | weiblich | |
| Körpergröße | 166cm | |
| Körpergewicht | 60kg | |
| Sportliche Aktivitäten in der Vergangenheit | 14 Jahre klassisches Ballett (2-4x/Woche) | Fortgeschrittene koordinative Fähigkeiten, sehr beweglich (Rücken, Hüfte etc.) |
| Jetzige sportliche Aktivitäten | Planloses Krafttraining im Fitnessstudio seit 2 Monaten | |
| Trainingsmotive | Gewichtsreduktion, Muskelaufbau, Figurformung, Ausgleich neben dem Studium | |
| Zeitlicher Verfügungsrahmen | 2-3x pro Woche, je 1-2 Stunden | |
| Berufung | Studentin | |
| Biometrische Daten | | |
| Blutdruck | 122mmHg/ 84mmHg | normal |
| Körperfettanteil | 31,3% (18,78kg) | normal |
| Normwerte Körperfett bei Frauen im Alter von 20-39 | Niedrig: <21% Normal: 21-32,9% Hoch: >33% | |
| Muskelmasse | 35,4% (21,24kg) | normal |
| Normalwerte Muskelmasse bei Frauen im Alter von 20-39 | 34-39% | |
| Orthopädische oder internistische Einschränkungen | keine | |
| Ärztliche Behandlung | keine | |
| Einnahme von Medikamenten | keine | |
| Sonstige gesundheitliche Einschränkungen | keine | |

Tabelle 2. Blutdruckklassifikation der American Heart Association (modifiziert nach Mancia et al., 2013).

| Bewertungsstufen | Systolischer Blutdruck | Diastolischer Blutdruck |
|---|---|---|
| | Normblutdruck (Normotonie) | |
| Optimal | <120mmHg | <80mmHg |
| Normal | <130mmHg | <85mmHg |
| Hochnormal | 130-139mmHg | 85-89mmHg |
| | Bluthochdruck (Arterielle Hypertonie) | |
| Stufe 1 | 140-159mmHg | 90-99mmHg |
| Stufe 2 | 160-179mmHg | 100-109mmHg |
| Stufe 3 | >180mmHg | >110mmHg |

## 1.2 Krafttestung

Als Grundlage für die Trainingsplanung muss zunächst ein Bild des aktuellen Leistungsstandes der Trainierenden gemacht werden. Die ausgewählte Methode ist der Mehrwiederholungskrafttest (X-RM-Test). Das Ziel des Testes ist die Bestimmung des maximal zu bewältigendem Gewicht in einem zuvor bestimmten Wiederholungsbereich. Der Trainer beurteilt anhand von objektiven Kriterien (z.B. korrekte Ausführung oder Muskelversagen), wann dieses Gewicht erreicht ist. Im Gegensatz zu Kraft-Testungen, in denen die Maximalkraft bestimmt werden soll, verlangt die X-RM-Methode weniger Vorerfahrung in der eigenen Kraft- und Belastbarkeitseinschätzung und ist daher für die Trainierende ohne Erfahrung im Gesundheitssport gut geeignet.

### 1.2.1 Testablauf

Vor Beginn der Krafttestung werden die Übungen und die Wiederholungszahl vom Trainer unter Berücksichtigung der Trainingsziele des kommenden Trainingsplans ausgewählt. Die Trainierende wärmt sich zunächst allgemein 10-15 Minuten auf dem Crosstrainer auf. Zum speziellen Aufwärmen führt sie für jede Übung an der getestet wird je 1-2 Sätze mit wenig Gewicht aus. Die Probandin wird hauptsächlich an Kraftgeräten getestet, da diese aufgrund ihrer mangelnden Erfahrung besonders zu Beginn den Großteil ihres Trainingsplans ausmachen werden. Weitere Bestandteile ihres Trainings werden koordinative und funktionsgymnastische Übungen sein, für welche der X-RM-Test jedoch nicht geeignet ist, da hier mit wenig oder gar keinem zusätzlichen Gewicht trainiert wird. Die Durchführung beinhaltet 1-3 Testsätze mit 15 Wiederholungen. Wichtig ist, zwischen den Testsätzen ausreichende Pausen einzubauen, um für jeden Satz gleiche Bedingungen zu schaffen. Das Gewicht für den ersten Testsatz wird vom Trainer unter Berücksichtigung der Übung, Erfahrung, Gewicht etc. individuell eingeschätzt. War das Gewicht zu leicht oder zu schwer zu bewältigen, wird es von der Testperson für die nächsten Sätze nach subjektivem Empfinden um jeweils 5%-20% korrigiert. Kann die zwölfte Wiederholung gerade noch mit korrekter Ausführung konzentrisch bewältigt werden, so ist das Testgewicht erlangt.

Tabelle 3. Übungsauswahl und Ergebnisse des Krafttests

| Übung | WH | Testsatz 1 | Testsatz 2 | Testsatz 3 | Ergebnisgewicht |
|---|---|---|---|---|---|
| Beinpresse | 15 | 55kg | 65kg | | 65kg |
| LH-Ausfallschritte | 15/Seite | 10kg | 14kg | 16kg | 16kg |
| Rückenstrecker (Maschine) | 15 | 15kg | 20kg | | 20kg |
| Lat-Zug (Maschine) | 15 | 20kg | 25kg | | 25kg |
| Brustpresse (horizontal) | 15 | 15kg | 25kg | 30kg | 30kg |

LH: Langhantel

## 1.2.2 Schlussfolgerungen

Mit Hilfe dieser Ergebnisse können nun die Trainingsintensitäten als Basis für die ausgewählte Trainingsmethode verwendet werden. Da die ILB-Methode gewählt wurde, können die Intensitäten leicht abgeleitet werden. Weil bei dieser Methode vor jedem Mesozyklus ein Re-Test durchgeführt wird dokumentiert man so automatisch auch die Leistungsentwicklung der Trainierenden (intraindividueller Leistungsvergleich). Der interindividuelle Leistungsvergleich ist bei dieser Methode nicht möglich, da es aufgrund von vielen auf die Ergebnisse wirkenden Einflussfaktoren keine Normwerte gibt.

# 2   Zielsetzung/Prognose

Tabelle 4. Ziele auf Basis der Diagnosedaten

| | Ziel 1 | Ziel 2 | Ziel 3 |
|---|---|---|---|
| Inhalt | Körperfettreduktion | Muskelaufbau | Verbessertes Selbstwertgefühl |
| Ausmaß | 5kg (Ist-Zustand: 18,78kg, Soll-Zustand: 13,78kg) | 1kg (Ist-Zustand: 21,34kg, Soll-Zustand: 22,34kg) | Subjektives Schönheitsempfinden auf einer Skala von 1-10 Ist-Zustand: 3 Soll-Zustand: >7 |
| Zeit | 5 Monate | 8 Wochen | 6 Monate |

Das grundlegende Ziel der Trainierenden ist die Reduktion ihres Körperfettanteils bei gleichzeitig zunehmender Muskelmasse und bezieht sich daher vorrangig auf ihre Optik. Dem zufolge wurden die Ziele gesetzt innerhalb von 5 Monaten 5kg abzunehmen und innerhalb von 8 Wochen 1kg an Muskelmasse zuzunehmen. Um dies zu erreichen gilt es wöchentlich 250g Körperfett zu verlieren und 125g Muskelmasse dazuzugewinnen. Um den Fortschritt nachverfolgen zu können, werden Muskelmasse und Fettanteil pro Mesozyklus (alle 6 Wochen) erneut gemessen. Im Hinblick auf die in der Diagnose dargestellten Zeitangaben und die allgemeinen gesundheitlichen Voraussetzungen, sind die Ziele für die Trainierende durchaus realistisch.

Zusätzlich zu den biometrischen Zielen möchte die Kundin ihren Körper durch das Krafttraining so formen, dass sich ihr Selbstwertgefühl signifikant verbessert. Da die Ergebnisse auf ihrem subjektiven Empfinden beruhen, sind die Angaben zu Ausmaß und Zeit vergleichsweise pauschal.

# 3    Trainingsplanung Makrozyklus

Tabelle 5.  Makrozyklusplanung

|  | Mesozyklus 1 | Mesozyklus 2 | Mesozyklus 3 | Mesozyklus 4 |
|---|---|---|---|---|
| Dauer | 6 Wochen | 6 Wochen | 6 Wochen | 6 Wochen |
| Trainingsziel | Kraftausdauer | Übergangstraining | Hypertrophie (extensiv) | Hypertrophie (intensiv) |
| Trainingseinheiten/ Woche | 2x | 2x | 2x | 2-3x |
| Organisationsform | Ganzkörper | Ganzkörper | Ganzkörper | Ganzkörper |
| Übungen/ Muskelgruppe | 1-2 | 1-2 | 1-2 | 1-2 |
| Sätze/Übung | 1-2 | 1-2 | 1-2 | 2 |
| Satzpause | 60sek | 60sek | 90sek | 90sek |
| Wiederholungen | 15 | 12 | 10 | 5 |
| Intensität* | 50-70%-ILB | 50-70%-ILB | 50-70%-ILB | 60-80%-ILB |
| Tempo (T-U-T) | 2-0-2 (langsam) | 2-0-2 (langsam) | 2-0-2 (langsam) | 2-0-2 (langsam) |

*50-80% des Maximalgewichtes ermittelt durch ILB-Test vor jedem Zyklus

## 3.1  Erläuterung

Die Makrozyklusplanung orientiert sich an der Individuellen-Leistungsbild-Methode (ILB-Methode). Es liegt eine Planung für 6 Monate vor, welche in 4 Mesozyklen von je 6 Wochen aufgeteilt wurden. Diese deduktive Methode, welche für den Gesundheitssport konzipiert wurde, kann für alle Leistungsstufen verwendet und je nach Leistungsstand und Fortschritt angepasst werden (Strack& Eifler, 2005). Vor jedem Mesozyklus wird für die angestrebte Wiederholungszahl ein X-RM-Test (ILB-Test) durchgeführt. Die Tests finden immer zu gleichen Bedingungen statt um eine möglichst genaue Auswertung zu ermöglichen. Auf diese Weise hat die Trainierende einen dokumentierten Überblick über ihre Fortschritte, was sich positiv auf ihre Motivation auswirkt.

Von Meso- zu Mesozyklus werden, auf Basis der beim Re-Test entstandenen Ergebnisse, die Belastungsintensitäten gesteigert. Gleichzeitig nehmen die Wiederholungszahlen regressiv ab. Demzufolge liegt eine klassische lineare Periodisierung vor (Kraemer& Fleck, 2007). Da sich diese Form der Periodisierung im

Hinblick auf die Steigerung der Kraftleistung als effektiv beweisen konnte, ist sie sehr gut für die Umsetzung der Ziele der Trainierenden geeignet (Prestes, Lima, Frollini, Donatto & Conte, 2009). Hinsichtlich der mangelnden Erfahrung der Trainierenden visiert der erste Mesozyklus erst einmal die Verbesserung des anaerob-laktaziden Muskelstoffwechsel in Form von Kraftausdauertraining an. Zumal im späteren Verlauf höhere Krafttrainingsintensitäten angestrebt werden, dienen die nächsten 6 Wochen derer Gewöhnung (Übergangstraining). Die letzten zwei Zyklen sind in zuerst extensives und dann intensives Muskelaufbautraining aufgeteilt. Das primäre Ziel beider Zyklen ist Muskelhypertrophie. Dementsprechend besteht der Makrozyklus aus zwei umfangsorientierten Krafttrainingszyklen und zwei intensitätsorientierten Krafttrainingszyklen (Eifler, 2013).

Sämtliche Belastungsparameter wurden von dem ILB-Grobraster (vgl. Tab. 6) übernommen.

Tabelle 6. Grobraster zu Trainingsplanung der ILB-Methode (modifiziert nach Strack& Eifler, 2005, S.153)

| Leistungsstufe | Zeitstufe (Monate) | Orga- Form | Einheiten/ Woche | Übungen/ Muskel | Sätze/ Übung | Intensität in %-ILB |
|---|---|---|---|---|---|---|
| Orientierungsstufe | 0-1,5 | GK | 2 | 1-2 | 1-2 | gering |
| Beginner | 1,5-6 | GK | 2 | 1-2 | 1-2 | 50-70 |
| Geübter | 6-12 | GK | 2-3 | 1-2 | 2 | 60-80 |
| Fortgeschrittener | >12 | GK/ Split | 3-4 | 1-3 | 2-3 | 70-90 |
| Leistungstrainierender | >36 | GK/ Split | 3-6 | 1-4 | 2-4 | 80-100 |

Da die Trainierende bereits 8 Wochen Erfahrung im Fitnesstraining hat, ist sie zunächst als Beginner eingestuft worden. Nach dem dritten Mesozyklus gilt sie mit 6,5 Monaten Trainingserfahrung als Geübte. Infolgedessen können für das intensive Hypertrophie-Training schon Reize von 60-80%-ILB in Kombination mit wenigen Wiederholungen angesetzt werden. Innerhalb eines Mesozyklus soll die Intensität alle zwei Wochen um 10% gesteigert werden. Bei gleichbleibender Wiederholungszahl kann über diese progressive lineare Periodisierung eine fortschreitende Progression erzielt werden.

Die vorgegebenen Trainingseinheiten (2-3) stimmen optimal mit dem in der Anamnese angegebenen zeitlichen Verfügungsrahmen überein (vgl. Tab. 1). Aus demselben Grund ist auch die Organisationsform Ganzkörpertraining sinnvoll. Jede Muskelgruppe erfährt

2-3 Trainingsreize pro Woche. Laut Wirth, Atzor und Schmidtbleicher (2007) erreicht man so bedeutendere Effekte als mit lediglich einer Trainingseinheit.

# 4 Trainingsplanung Mesozyklus

Tabelle 7. Mesozyklus 1

| Zyklusdauer | 6 Wochen |
|---|---|
| Spezifisches Trainingsziel | Kraftausdauer |
| Trainingseinheiten/ Woche | 2 |
| Organisationsform | Ganzkörpertraining |
| Übungen/ Muskelgruppe | 1-2 |
| Sätze/ Übung | 1-2 |
| Satzpausen | 60sek |

Tabelle 8. Übersicht zur Übungsauswahl

| Übung: | Wiederholungen | Intensität MIZ 1+2 | Intensität MIZ 3+4 | Intensität MIZ 5+6 | Tempo (TUT) |
|---|---|---|---|---|---|
| Beinpresse (horizontal) | 15 | 50%-ILB (32,5kg) | 60%-ILB (39kg) | 70%-ILB (45,5kg) | 2-0-2 |
| Rückenstrecker (Maschine) | 15 | 50%-ILB (10kg) | 60%-ILB (12kg) | 70%-ILB (14kg) | 2-0-2 |
| Lat-Zug (Maschine) | 15 | 50%-ILB (12,5kg) | 60%-ILB (15kg) | 70%-ILB (17,5kg) | 2-0-2 |
| Brustpresse (horizontal) | 15 | 50%-ILB (15kg) | 60%-ILB (18kg) | 70%-ILB (21kg) | 2-0-2 |
| LH-Ausfallschritte | 15/Seite | 50%-ILB (8kg) | 60%-ILB (9.5kg) | 70%-ILB (11kg) | 2-0-2 |
| Unterarmstütz | -- | 30sek | 45sek | 60sek | -- |
| Russian-Twist | -- | 30sek | 45sek | 60sek | -- |

TUT: time under tension
LH: Langhantel
MIZ: Mikrozyklus

## 4.1 Erläuterung

Für den ersten Mesozyklus wurde ein Ganzkörpertraining mit dem Ziel der Kraftausdauer gewählt. Die Übungsauswahl beinhaltet Übungen für sämtliche großen Muskelgruppen in Form von Übungen an geführten Maschinen, Übungen mit freien Gewichten und funktionsgymnastischen Übungen. Der Schwerpunkt liegt aufgrund der wenigen Erfahrung der Trainierenden erstmal auf dem Gerätetraining. Übungen an Geräten sind vergleichsweise leicht zu erlernen, da die Übung vom Gerät vorgegeben ist. Daher ist ein gewisses Maß an Sicherheit und geringes Verletzungsrisiko geboten. Die funktionsgymnastischen oder die mit freien Gewichten ausgeführten Übungen, sind „koordinativ deutlich anspruchsvoller als das geführte Training an Geräten" (Stemper, 2012, S.112). Da die Trainierende dank ihrer 14-jährigen Tanzerfahrung fortgeschrittene koordinative Fähigkeiten hat, sind ihr die funktionsgymnastischen Übungen zuzutrauen. Zudem wird das Nerv-Muskel-System mehr gefordert (Stemper, 2012).

In Hinsicht der Reihenfolge der Übungen werden mehrgelenkige und funktionsgymnastische Übungen vor isolierenden Übungen ausgeführt, um eine Vorermüdung der Synergisten zu vermeiden (Bompa& Carrera, 2005, S.69).

Durch das Ballett ist besonders der untere Rücken der Trainierenden sehr beweglich. Um Rückenschmerzen vorzubeugen ist eine stabile Rumpfmuskulatur unabdingbar, da sie die Wirbelsäule stabilisiert (Sprott, Pulkowski& Mannion, 2008).

Für die Bauchmuskulatur wurden zwei funktionsgymnastische Übungen gewählt; der Unterarmstütz beansprucht primär die Muskeln M. Rectus abdominis, M. Obliquus internus abdominis und M. Obliquus externus abdominis. Es wirken allerdings Muskeln des ganzen Körpers mit ein, da auch der Schultergürtel, der untere Rücken und die Hüfte stabil gehalten werden müssen. Da vor allem das statische Halten der Position angestrebt wird, dient er sowohl der Kraftausdauer als auch der Stabilität (Ashwell, 2019, S. 132). Der Russian-Twist beansprucht durch die aktive Rotationsbewegung zusätzlich den M. Transversus abdominis und die Mm. Erector spinae. Da sowohl der Rücken als auch die Hüftbeuger aktiv mitarbeiten müssen, ist auch dies eine koordinativ anspruchsvolle Übung und dient damit der Schulung intermuskulärer Koordination.

Die Übungen Beinpresse und Langhantel-Ausfallschritte wurden ausgewählt, um die unteren Extremitäten abzudecken. Beim Ausfallschritt werden primär der M. Quadriceps femoris und M. Glutaeus maximus aber auch die ischiocrurale Muskulatur beansprucht. Die Bewegung ist sehr alltagsnah und eignet sich gut zum Training der

Koordination. Die Beinpresse beansprucht die gleiche Muskulatur, eignet sich aber besser zum Muskelaufbau-Training, da sie die Verwendung von schwereren Gewichten ermöglicht (Ashwell, 2019, S.122).

Die letzten drei Übungen finden an geführten Maschinen statt. Konträr zum Bauchmuskeltraining wird an der Rückenstrecker-Maschine der untere Rücken trainiert. Primär beansprucht wird der M. Erector spinae. Die Ziele der Übung sind die Steigerung der Kraft und Ausdauer der Rückenmuskulatur und somit die Prävention von Rückenschmerzen.

Die Übung Lat-Zug ist „ideal, um Kraft aufzubauen" (Ashwell, 2019, S. 60). Es werden die Armbeuger (M. Biceps brachii, M. brachialis und M. Brachioradilis), die Schultern (M. Deltoideus pars spinata) und der Rücken (M. Latissimus dorsi) beansprucht. Stabilisierend wirken zusätzlich die Muskeln des Schultergürtels. Um muskulären Disbalancen entgegenzuwirken wurde zuletzt die Übung Brustpresse ausgewählt. Sie trainiert primär die Brust (M. Pectoralis major) und den Armstrecker (M. Triceps brachii), oppositiv zu Rücken und Armbeuger.

# 5  Effekte des Krafttrainings bei Osteoporose

Tabelle 9. Strength training preserves the bone mineral density of postmenopausal women without hormone replacement therapy (Bocalini, Serra, dos Santos, Murad & Levy, 2009).

| Wer hat die Studien durchgeführt? | Bocalini, D. S., Serra, A. J., dos Santos, L., Murad, N., & Levy, R. F |
|---|---|
| In welchem Jahr wurde die Studie publiziert? | 2009 |
| Welche Forschungsfrage wurde untersucht? | Es wurde der Effekt von Krafttraining auf die Knochendichte von Frauen nach der Menopause untersucht. |
| Mit welchen Versuchspersonen wurde die Studie durchgeführt? | Ausgewählt wurden 35 Frauen im Alter von 55 bis 75 Jahren. 5 Frauen traten aus unbekannten Gründen frühzeitig aus. |
| Wie sah der Versuchsaufbau der Studie aus? | Über 24 Wochen wurden die Frauen in eine Kontrollgruppe und eine Trainingsgruppe unterteilt. Die Trainingsgruppe absolvierte drei Mal wöchentlich ein Trainingsprogramm mit dem Fokus auf exzentrische Muskelaktivität. Das von Trainern geleitete Training bestand aus einem 10-minütigen Warm-Up und einem Ganzkörpertraining an geführten Maschinen. Die Kontrollgruppe nahm nicht am Trainingsprogramm teil. Nach den 24 Wochen wurde die Knochendichte |

| | aller Teilnehmerinnen mittels Densitometrie ermittelt. |
|---|---|
| Welche relevanten Ergebnisse und Schlussfolgerungen lieferte die Studie? | Bei der Kontrollgruppe konnte ein signifikanter Verlust der Knochendichte im Bereich der Lendenwirbelsäule festgestellt werden. Bei der Trainingsgruppe war keine Demineralisierung feststellbar. Daraus lässt sich schlussfolgern, dass Krafttraining positive Effekte auf die Knochendichte hat. |

Tabelle 10. Physiological adaptations to strength and circuit training in postmenopausal women with bone loss (Brentano et al., 2008).

| | |
|---|---|
| Wer hat die Studien durchgeführt? | Brentano, M. A., Cadore, E. L., Da Silva, E. M., Ambrosini, A. B., Coertjens, M., Petkowicz, R.,& Kruel, L. F. M. |
| In welchem Jahr wurde die Studie publiziert? | 2008 |
| Welche Forschungsfrage wurde untersucht? | Es wurden die Effekte von zweiunterschiedlichen Krafttrainingsmethoden bei postmenopausalen Frauen mit Osteoporose erforscht. |
| Mit welchen Versuchspersonen wurde die Studie durchgeführt? | Es nahmen 28 postmenopausale Frauen mit verminderter Knochendichte teil. 50% waren hormonunterstützt. |
| Wie sah der Versuchsaufbau der Studie aus? | Die Teilnehmerinnen wurden zufällig in 2i Gruppen unterteilt; Eine Strenght-Training-Gruppe und eine Zirkeltraining-Gruppe. Über 24 Wochen trainierten die Trainingsgruppen 3 Mal pro Woche 55 Minuten mit Maschinen und Freihanteln. Das Zirkeltraining bestand aus 2-3 Sätzen und 10-20 Wiederholungen mit 45-60% des 1RM ohne Pausen. Das Strenght-Training bestand aus 2-4 Sätzen von 6-20 Wiederholungen mit 45-80% des 1RM. Zwischen den Sätzen machten sie 2 Minuten Pause. Abwechselnd trainierten alle Gruppen die oberen und unteren Extremitäten. Am Ende wurde die Knochendichte aller Teilnehmerinnen mittels Densitometrie ermittelt. |
| Welche relevanten Ergebnisse und Schlussfolgerungen lieferte die Studie? | Bei beiden Gruppen wurde keine Veränderung der Knochendichte festgestellt, während die Strenght-Training-Gruppe einen insignifikant höheren Mittelwert aufwies. Demzufolge sind beide Trainingsmethoden bei Osteoporose zu empfehlen. |

# 6    Literaturverzeichnis

Ashwell, K. (2019). *Das Anatomie-Buch der Fitness. 50 der besten Übungen für den gesamten Körper* [deutschsprachige Ausgabe]. Kerkdriel: Libero IBP

Bompa, T. & Carrera, M., C. (2005). *Periodization training for sports-science-based strength and conditioning plans for 17 sports* (2. Aufl.). Champaign: Human Kinetics Pub. Inc.

Bocalini, D. S., Serra, A. J., dos Santos, L., Murad, N., & Levy, R. F. (2009). Strength training preserves the bone mineral density of postmenopausal women without hormone replacement therapy. *Journal of Aging and Health, 21*(3), 519-27.

Brentano, M. A., Cadore, E. L., Da Silva, E. M., Ambrosini, A. B., Coertjens, M., Petkowicz, R. et al., (2008). Physiological adaptations to strength and circuit training in postmenopausal women with bone loss. *Journal of Strength and Conditioning Research, 22*(6), 1816-1825.

Eifler, C. (2013). *Empirische Überprüfung der Effekte verschiedener Ansätze zur Intensitätssteuerung im fitnessorientierten Krafttraining* (Dissertation). Saarbrücken: Saarländische Universitäts- und Landesbibliothek.

Kraemer, W.& Fleck, S. (2007). *Optimizing strenght training: designing nonlinear periodization workouts.* o. O.: Human Kinetics

Mancia, G., Fagard, R., Narkiewicz, K., Redon, J., Zanchetti, A., Böhm, M. et al., (2013). ESH/ESC Guidelines for the management of arterial hypertension: the task force for the management of arterial hypertension of the European Society of Hypertension (ESH) and of the European Society of Cardiology (ESC). *Journal of hypertension, 31*(7), 1281-1357.

Prestes, J.,De Lima, C., Frollini, A., Donatto, F.& Conte, M. (2009). Comparison of linear and reverse linear periodization effects on maximal strength and body composition. *Journal of Strength and Conditioning Research, 23*(1), 266-274

Sprott, H., Pulkowski, N. & Mannion, A. F. (2008). Auf den Spuren der Rumpfmuskeln. *Forschung.CH, 25*(8), 478-480.

Stemper, T., (2012)., Maschine vs. Functional. Krafttraining: besser an Maschinen oder als functional Training?, *Fitness und Gesundheit,5*, 112-113.

Strack, A. & Eifler, C. (2005). *The individual lifting performance method (ILP). A practical method for fitness- and recreational strength training.* Göttingen: Cuvillier.

Wirth, K., Atzor, K. R. & Schmidtbleicher, D. (2007). Veränderungen der Muskelmasse in Abhängigkeit von Trainingshäufigkeit und Leistungsniveau. *Deutsche Zeitschrift für Sportmedizin, 58*(6), 178-183.

# 7 Tabellenverzeichnis

# BEI GRIN MACHT SICH IHR WISSEN BEZAHLT

- Wir veröffentlichen Ihre Hausarbeit,
  Bachelor- und Masterarbeit

- Ihr eigenes eBook und Buch -
  weltweit in allen wichtigen Shops

- Verdienen Sie an jedem Verkauf

## Jetzt bei www.GRIN.com hochladen und kostenlos publizieren